Adimú: Nuevas recetas para los Orishas

Oshun Ala Erinle

"Nunca voy a poder dar las gracias suficientes por jamás dejarme solo, y porque cuando me he sentido perdido me han ayudado a retomar el camino. Gracias, Oshun. Gracias, Inle"

Prólogo

Con el decurso del tiempo, el paso de los años, y el desarrollo de la misma vida moderna de hoy impone, en alguna medida, que se pierdan algunos matices de la gran riqueza cultural legada a nosotros por nuestros abuelos. He ahí el gran quid del problema, muchos nos hemos planteado preocupados desde el fondo de nuestras conciencias, ¿Cómo ser capaz de transmitir, mantener y autenticar estos legados a la descendencia, sin que se pierda lo esencia? No es una tarea fácil, se requiere de mucha paciencia, disciplina y constancia. Los mayores de hoy somos los encargados de hacerlo y sobre nuestros hombros pesa tan importante responsabilidad. El problema no se traduce sólo al buen desarrollo de la ética, hábitos y costumbres que debemos mantener como religiosos, sino también en la preparación práctica y cultural que debemos poseer para poder desarrollar y trasmitir correctamente los mensajes contenidos en los distintos rituales. Es también obvio que una parte importante de esas enseñanzas están enriquecidas por anécdotas, que durante años y desde muy temprana edad oímos de nuestros mayores y eso queda en nuestra mente, cala profundo en la conciencia e influye determinantemente, en la formación de nuestra personalidad. La diáspora trajo consigo una gran riqueza cultural y culinaria que se enriqueció en una simbiosis que se produjo al fundirse con elementos de la riquísima cocina española, naciendo de ahí, un producto que denominamos hoy "la comida afrocubana" Comida y Adimú para los Santos, trata de recoger en muy apretada síntesis, una parte importante de aquellos conocimientos sobre la preparación, elaboración de las comidas y Adimú que se le ofrendan a los santos y que tienen que ver directamente con los principales ceremoniales de la religión afro americana. Una vez más ediciones orunmila sigue siendo fiel a nuestro lema de presentar literaturas muy útiles y prácticas, que contribuya a profundizar en el conocimiento de estas raíces, muestra ahora a las futuras generaciones, cómo hacerlo, cómo mantener viva la sabia de los antepasados sin que ello signifique de ninguna manera, renunciar a la inyección de lo nuevo.

Marcelo Madan

Reflexión.

Diariamente le estamos solicitando de muchas formas diferentes a los santos sus favores. En la antigüedad estas peticiones estaban centradas por lo general, a plegarias pidiendo la salud para alguna persona o para nosotros mismos. Hoy con el desarrollo de la sociedad, la evolución de la "ida y el crecimiento de las múltiples actividades que tenemos que afrontar, no nos detenemos a meditar en cómo y de que formas se valen los santos para ayudamos a resolver las innumerables situaciones que se nos presentan a diario. Es por ello muy importante que la generación de religiosos de hoy tengan muy claro éste fundamental aspecto. En el caso específico de nuestros oshas, son ellos los que elevan nuestra petición o nuestra plegaria a **Olodumare**(dios) quien nos proporcionas esos resultados positivos en forma de **IRE**, que no es más, que el bien que hemos solicitado y que nos favorecerá en alguna medida y en un momento de nuestra vida.

Término de la palabra Adimú.

Adimú: A = quien, DI = transforma, MU = absorbiendo. Se basa en ofrecer alimentos a los Oshas (santos) las cuales, absorben hasta consumir la espiritualidad de los mismos. Estas ofrendas pueden ser alimentos, tales como vegetales, frutas, aves, cuadrupedos insectos, pequeños mamíferos e innumerables seres que comparten con nosotros la existencia en el mundo. Se utilizan para mantener el cuidado de las relaciones que los hombres mantienen con los antepasados y con los espíritus, con las Oshas y para enlazar las relaciones que deben de existir entre humanos y con el resto de los seres que habitan dentro del universo en que vivimos y por ende, de hecho, esta acción nos proporciona tener paz y armonía. el Adimú, por tanto representa una manera de reorganizar el universo en favor de la raza humana.

¿Qué es una ofrenda?

La ofrenda no es simplemente comprar los ingredientes y seguir una receta de un pastel; se trata de algo mucho más complejo e importante que eso. Al preparar una ofrenda, usted estará manipulando energías distintas: La energía relacionada con la vibración del Orisha, obtenida a partir de los ingredientes de la "receta". Y su energía. Es decir, la ofrenda además de contener las energías de los ingredientes también debe ser impregnada con su propia energía. En realidad, la ofrenda comienza en el momento en que usted sale para comprar los ingredientes. Al tomar con las manos cualquier objeto, producto ya empiezas a impregnarlo con tu energía. Considerando que usted desea el mejor resultado posible de su ofrenda, es muy importante que desde el primer momento, cuando usted sale de casa para comprar los ingredientes, esté tranquilo que su energía sea positiva y concentrado en su objetivo. La misma regla es válida para el momento en que está montando su ofrenda. Las ofrendas son un acto mágico religioso donde se concentra todas las fuerzas y poderes místicos dentro de un espacio limitado.

Motivos por el cual hacemos ofrendas:

Dar agradecimiento: Esta ofrenda se realiza en función del auxilio ya recibido. Muchas veces estamos envueltos en dificultades de tal importancia que nos arrodillamos y allí, en nuestra fe, invocamos a Olofin a los Orishas y deidades del panteón yoruba. Muchos creyentes en agradecimiento ofrecen hacer caridad a los necesitados, etc. Cumplir lo que se prometió no es dar o hacer algo por él, sino que es hacer algo para y por nosotros mismos, es lo que debemos pensar. Olofin y las divinidades no comen, pero absorben la energía de los alimentos, al ofrecerles una "cena ritual", estamos compartiendo nuestro éxito y nuestra victoria. Allí, en el momento de la "conmemoración", estamos diciendo de forma simbólica que sin su ayuda no habría tenido éxito; les estamos agradeciendo; y estamos dando prueba de nuestra fe en sus poderes, reverenciándolos con lo que les prometemos.

Solicitar ayuda: Se logra a partir del momento, que pedimos al Orisha o la deidad su intersección o ayuda llevando las ofrendas frente a ellos. desde una vela encendida, en un altar hasta la ida a un punto de la naturaleza; rio, mar, bosque, la basura etc.... a depositar el Adimú, y así conseguir esta tan esperada ayuda.

Purificación: Esta ofrenda es para la limpieza del aura y la energía. Se hace generalmente en el mar, en las cascadas, en los bosques, los ríos y los cementerios. Siempre utilizando los cuatro elementos naturales fuego, agua, aire y tierra. Los rituales de purificación están diseñados para absorber la energía negativa espiritual generada por nosotros. Las ofertas de limpieza deben realizarse cada vez que sentimos que estamos abrumados. Se hace a petición de las entidades (guías espirituales y Orishas) siempre en forma respetuosa para obtener una licencia para trabajar en él.

Para colocar un Adimú siempre debemos darle una moyugba(rezo):

Yoruba: "oyú ile lasbeda ladimú otá lashéru bowa ladimú bi ebo mamashe adimú keleyeri"

Español traducción: "estamos en tu presencia poniéndote este presente de sacrificio si no lo aceptas la tierra será testigo"

¿Qué le podemos colocar algunos Orishas?

Elegguá: frutas: se le ofrenda todas las frutas, viandas o verduras: ñame, maíz (tostado, asado, salcochado).
Oggún: frutas: melón de agua y todas las frutas, viandas o verduras: boniato asado, maíz tostado, maíz tostado, ñame.
Ochosi: frutas: ciruela, viandas o verduras: ñame.
Obatalá: frutas: todas las frutas blancas (guanábana, anón, etc.) Viandas o verduras: ñame.
Oyá: frutas: caimito, ciruelas moradas, vianda o verduras: berenjenas, maíz guisado, ñame.
Oshun: frutas: canistel, mango, naranjas dulces, viandas o verduras: calabaza, ñame.
Yemayá: frutas: melón de agua (patilla), caña de azúcar, viandas o verduras: plátanos y ñames.
Shango: frutas: zapotes, (mamey morado), plátanos frutas, melón de agua, manzanas, viandas o verduras: plátanos y ñame.
Orumila: frutas: frutas finas (manzanas, peras, uvas, etc.) Viandas o verduras: ñame
Aggayú: frutas: anón manteca (morado) vianda o verduras: ñame
Babalu aye: frutas: uvas moradas y todas las frutas, viandas o verduras: ñame, cebolla moradas, granos: frijoles negros, ajonjolí.
Orishaoko: frutas: todas las frutas, viandas o verduras: todas las viandas y hortalizas.
Los Ibeyis: frutas: todas las frutas, viandas o verduras: ñame.

Patakie: Addi é Imú los hijos de Yemayá.

Nace en el oddun: Oshe Sa.

Olofin estaba muy bravo por las cosas que sucedían en la tierra y les retiro su amparo y su protección a los seres humanos. Las cosas empezaron a marchar mal en la tierra y todos los santos trataron de lograr la benevolencia de Olofin para con los hombres, pero ninguna de las ofrendas o sacrificios que le hacían lograban conmover a Olofin.

Yemayá tenía dos hijos Addi é Imú (los senos de Yemayá) Que eran muy queridos por ella y representaban todos los logros de su vida, pero preocupada por el destino de la humanidad y por su sentimiento e instinto natural de madre de toda la humanidad. Ofreció a Olofin la cabeza de sus hijos a cambio de que el otorgara el indulto a los hombres de la tierra, así Yemayá ofrendo a sus hijos Addi é Imú para salvar a la humanidad y que los hombres volvieran a tener la benevolencia de Olofin.

Olofin conmovido por el gesto maternal de Yemayá perdono a todos los hombres de la tierra y dijo **ADDI É IMU** es la más grande ofrenda que he recibido, la más bella, la más desinteresada que he recibido, ADIMU será entonces lo más grande que se pueda ofrendar a mí y a los demás Orishas.

Es por eso que Yemayá es la reina del mundo y madre de la humanidad universal. **¡Maferefun Yemayá!**

Adimú para Oshun.

Ingredientes:
Frijoles carita
1 cebolla
Aceite de oliva
5 huevos
Camarón fresco
1 tazón o vajilla para servir Adimú
1 vajilla servir vino o licor dulce blanco
Vino licor dulce blanco / Sidra

Preparación:
Cocine el frijol carita aproximadamente por 15 minutos sin sal y reserve. Cocine los 5 huevos y reserve. Limpie el camarón. (Reservar un poco de todo para adornar) Sofría la cebolla (picada) en aceite de oliva fresca, a continuación, agregar los camarones y saltear hasta que estén doradas. Triturar el frijol carita ya cocido y junte, revolviendo hasta mezclar. Colocar en el tazón o vajilla, adorne con los 5 huevos cocidos y regar con aceite.

* Nota: Muchas personas prefieren utilizar el aceite de corojo en lugar de aceite de oliva para Oshún, es opcional (el aceite de oliva se puede utilizar sin ningún tipo de problema), si no está seguro de la calidad del aceite de corojo, es mejor usar el aceite de oliva.

Adimú a Oggún. (Carne seca con ñame)

Esta es una ofrenda le agrada a Oggún la podemos poner en la línea del tren o frente del Orisha Oggún.

Ingredientes:
3 ñame
1/2 kg de carne seca de res
1 cebolla grande
7 chiles largos
Aceite de corojo
1 recipiente de barro

Preparación:
Desmenuce la carne seca con antelación dejándola en agua por un día, para sacar toda la sal, cambiando el agua de vez en cuando. Cocine la carne seca por separado hasta que quede bien suave, luego deshebre. Cocine el ñame hasta que quede bien suave, quítese la cáscara, amase bien hasta conseguir una masa uniforme. Con suficiente aceite de corojo sofría la cebolla (picada), los ajíes (cortados en rodajas) y la carne ya deshebrada, luego vaya añadiendo el ñame siempre mezclando bien (con cuchara de palo). Usted puede elegir 7 ajíes, y reservarlos para adornar.

Adimú para Elegguá, Oggún y Ochosi.
(Cocada / turrón de coco)

Ingredientes:
1 coco seco grande
1 Kg de azúcar
1 taza de agua de coco
1 plato de barro

Preparación:
Abrimos el coco quitamos la cáscara dura, quitamos toda la piel oscura del coco (lograremos así obtener una cocada blanca) o si le deja la piel la cocada quedará más oscura (igual a la de la foto). Ralle el coco a su gusto (o más fino o más grueso) y coloque en la olla (a fuego alto) junto al azúcar y el agua de coco. Mueve sin parar hasta que se seque y suelte del fondo de la olla. ¡Siempre usar cuchara de palo en ofrendas! Esparcir en un lugar liso, dejar enfriar, cortar y colocar en el plato de barro. Podemos ofrendarle al orisha con 2 velas blancas y en su número 3, 7 y sus múltiplos.

Adimú para Babalú Ayé (San Lázaro)

Ingredientes:
1 coco verde
Aguardiente de caña

Preparación:
Abra el coco, retire la mitad del agua y complete con Aguardiente de caña. presente al Orisha con dos velas blancas hágase la petición.

Adimú para Inle / Erinle.

Ingredientes:
1 pescado de agua salada entero (preferible pargo)
Aceite de corojo
Harina de maíz gruesa
1 plato de barro

Preparación:
Limpiamos el pescado, retirando las vísceras y escamas, pero dejando la cabeza. Unte el pescado con Aceite de corojo y lo colocamos en una bandeja y lo llevamos al horno (fuego medio) de 15 a 30 minutos (depende del tamaño del pescado). Adorne como base con la harina de maíz, coloque el pescado encima. Puede echar por encima aceite de corojo u opcional melado de caña. Presentar con dos velas blancas y hacer la petición. Se deja por 7 días, o pregunte con vistas de coco el tiempo que se deja y donde lo llevara luego para depositar.

Adimú para Eshu / Elegguá. (Iñales o Ashes de plumas)

Esta es una especie de versión del plato que se le pone a los Orishas cuando se hace el sacrificio llamado Iñales que se hace a base de vísceras (leer nota abajo del post). Es opcional es una forma de Adimú. no es obligatorio que usted obligadamente tenga que hacerlo, ni esté de acuerdo.

Ingredientes:
500 gr de hígado de pollo
500 gr de molleja de pollo
Manteca de corojo
Chiles largos
Harina de maíz
1 cebolla grande
1 plato de barro

Preparación:

Freír la cebolla (picada) y tres, cinco o siete chiles (cortadas en rodajas) con bastante manteca de corojo. Cuando la cebolla esté dorada, añada el hígado y la molleja(picados) y freír bien. Vaya añadiendo la harina de maíz, revolviendo siempre (con cuchara de madera), hasta obtener una masa homogénea. Ponga en el lugar. Opcionalmente usted puede adornar el plato después de servido con 3 o 5 chiles y algunas hojas de las hierbas que pertenezcan al orisha. Presente con dos velas blancas, tabaco flores.

Nota: Los iñales o Ashes de plumas son; partes de los animales que se dan en sacrificio a los Orishas: Patas sin uñas, Ano, punta de las Alas, punta de la Pechuga, Cuello sin piel, Corazón, Molleja, Hígado sin la Hiel, Pulmones, en la ceremonia se tocan con un dedo el pescuezo sangrante del animal se trazan una cruz en la frente y chupan la sangre que les queda en el dedo "para su bien y alejar lo malo". La atmósfera del sacrificio, fortalece el organismo.

Adimú para Elegguá (Carne de chivo)

Ingredientes:
1 filete crudo de carne de chivo (grueso y con grasa)
Harina de maíz fina
aceite de corojo
1 cebolla
7 ajíes picantes(chiles)
1 plato de barro
Aguardiente de caña

Preparación:
Amase la harina de maíz con la manteca de corojo y acomodarla en el fondo del plato haciendo una base homogénea, coloque el filete de carne encima Corte la cebolla en rodajas y cubra la carne con ellas. Decore con los ajíes picantes y finalice regando con bastante manteca, haciendo una espiral del centro hacia afuera. Presente al orisha con el aguardiente y dos velas blancas haciendo la petición, déjelo por 7 días.

Adimú para Ochosi.
(Frijol carita con carne seca)

Ingredientes:
1/2 kg de frijol carita/ojito
1/2 kg de carne seca de res
Harina de maíz gruesa y cruda
Aceite de corojo
1 cebolla grande morada
7 chiles/ pimientos largos
1 plato de barro

Preparación:
Quitar la sal a la carne seca con antelación dejándola en agua por un día, cambiando el agua de vez en cuando hasta retirar todo el exceso de sal. Cocine la carne seca por separado con aceite de corojo, hasta que quede bien suave, luego deshebrar. Guarde el agua de la cocción para cocinar el frijol. Cocine el frijol en el agua que cocinó la carne seca dejándolo en punto firme para que los granos no se desbaraten. Agregue la harina de maíz, mezcle hasta que quede una consistencia como la foto que se muestra, fría las cebollas cortadas finamente en manteca de corojo y agregue a la masa. Coloque en el plato y adornar con los 7 chiles reservados. Presente con dos velas al orisha haciendo la petición.

Adimú para Yemayá.
(Manjar blanco con melocotones)

Ingredientes:
1 lata de leche condensada
1 lata de leche de coco
leche de vaca (medida: lata de leche condensada)
3 cucharadas de maicena
3, 5 o 7 melocotones
1 plato de vajilla blanco o azul claro
1 botella de champagne / Sidra
Rosas blancas en número impar

Preparación:
Mezclar todo y llevar al fuego medio revolviendo siempre hasta cuajar la mezcla, formando una natilla o manjar blanco. envase en un molde y póngalo a enfriar. Pasada una hora, desmolde acomode en el plato. Decorar el plato y adornar con los melocotones cortados y las flores. Se presenta al orisha con dos velas blancas. Se deja por 7 días.

Adimú a Yemayá
(Pescado al horno)

Ingredientes:
1 pescado de agua salada entero (usted puede elegir)
1 taza de aceite de oliva
1 plato de vajilla blanco o azul claro
1 botella de champagne / Sidra
3, 5 o 7 rosas blancas.

Preparación:
Limpia el pescado retirando las vísceras y escamas, pero deja la cabeza. Unte el pescado y la bandeja con el aceite de oliva y lleve al horno (fuego medio) de 15 a 30 minutos (depende del tamaño del pescado). Después de asado, deje enfriar, colóquelo en el plato y decorarlo con las rosas. presente al orisha el Adimú con dos velas blancas. Se le pondrá por 7 días.

Consejo: Puede acomodar el pescado en una forma redonda para la cocción, como se muestra en la foto para montar la ofrenda.

**Adimú a Yemayá.
(Frijoles blancos)**

Ingredientes:
1/2 kg frijoles blancos/ frijol carita
1 Cebolla
250 gr de Camarón Fresco
Aceite de oliva (de Oliva)
Rosas blancas (en número impar)
1 tazón de vajilla blanca o azul claro
1 recipiente para servir la bebida
1 botella de champagne blanca/ Sidra

Preparación:
Cocine los frijoles sin sal y retire del fuego en el punto de cocción pues para esa receta los frijoles deberá estar al dente (enteros, sin deshacer y no muy duros término medio). Freír la cebolla en el aceite de oliva sin dejar que se oscurezca. Añada los camarones limpios y deje que frían hasta alcanzar un tono de color rojizo. Añádalos frijoles cocidos (sin agua) junto con la cebolla y el camarón; mezclar bien. Colocar en el plato que se presentará al Orisha, y adornar a su gusto, con las flores y los camarones. Presente al orisha con dos velas blancas.

Adimú para Babalú Ayé (San Lázaro)

Ingredientes:
Maíz para Palomitas (no debe contener mantequilla ni aceites)
Un puñado de arroz
Agua
1 cesta de paja
Vino seco sin sal

Preparación:
En una sartén sin aceite, Colocar el maíz de palomitas, tapar y esperar mientras estallan las palomitas. Escoger las que se le pondrán en el Adimú que no estén quemadas.

Agua Arroz: Que el arroz en remojo en agua suficiente; Esta agua (sólo el agua) será ofrecida en una jarra mezclarlo con vino seco (mitad y mitad). Coloque las palomitas en la cesta de paja. Presentar al orisha con dos velas blancas.

Adimú para Nana Burukú. (Frutas)

Ingredientes:
1 Sandía pequeña
1 Melón
7 Higos
7 Ciruelas rojas
Uvas Rojas
1 repollo púrpura (col)
1 plato de barro
1 botella de Champagne / Sidra

Preparación:
Forre el plato con las hojas de la col púrpura(repollo). Abra las frutas y arreglarlas en el lugar con cariño. Decore el plato a su gusto presente el Adimú con dos velas al orisha.

Nota: Recuerde que a Nana se le tiene que para cortar la fruta tiene que ser con su cuchillo de caña brava, no se utiliza el cuchillo de metal.

Adimú a Nana Burukú. (Batata Dulce)

Ingredientes:
Batata dulce
Repollo morado (púrpura)
Flores rojas
Agua lluvia
Miel de abejas

Preparación:
Cocine la Patata hasta que quede bien suave, pelada y amase con las manos hasta formar una masa bien homogénea. Hacer 10 bolitas bien lisas y redondas con esa masa de papa. Separe las hojas de la col y para cada hoja, una bolita de papa. Adorne con una flor. Mezcle el agua lluvia con miel de abejas y se la presentamos en una copa o jarra, junto con el Adimú y dos velas blancas. ¡Maferefun Nana, Saluba!

*Batata: boniato, chaco o camote patata dulce

Adimú para Oyá (Mangos)

Ingredientes:
9 Mangos
1 Champagne /Sidra
1 cazuela de barro
Flores de distintos colores

Preparación:
Preparar los mangos según su preferencia, pueden ser peladas, rebanadas, picadas ... Colóquese en el lugar adornando con flores, conforme a tu nación. También puede utilizar hojas de Peregun para adornar. Presentar al orisha con dos velas blancas. Dejar por 9 días el Adimú.

Adimú para Osaín.

Ingredientes:
3 aguacates maduros
500 grs de maní crudo
500 grs de maíz
250 grs azúcar parda (Azúcar morena)
1/2 vaso de agua
Hojas de laurel
7 monedas
Aguardiente de caña
Miel Pura
1 plato de barro
1 igba de güira (para el aguardiente)

Preparación:
Abra los aguacates al medio, retire las semillas y reserve en un lugar. En una olla, coloque el azúcar con el medio vaso de agua, cuando empiece a derretir agregue el cacahuete(maní) y el maíz, y revuelva hasta conseguir una consistencia melcochosa, después coloque esa mezcla dentro de los aguacates. Tostar las hojas de laurel y ponerlas por encima de todo. Colocar las 7 monedas en la ofrenda, pueden ser monedas actuales (dinero en curso) preferentemente "amarillas". Ponga por encima con miel y ofrezca el aguardiente en la igba (recipiente de güira). Ponga este Adimú a Osaín con una vela por 7 días, (para buscar resolver problemas difíciles) ¡Ashé Osaín, moguayé!

Adimú para los Ibeyis (Frutas)

Ingredientes:
Guayabas
Moras
Cerezas
Miel pura
Plato de barro
Tacita de barro / igba de güira

Preparación:
Ante todo a los Ibeyis se le harán dos platos del Adimú ya que los Orishas son meyi (dos) uno para cada uno. Coloque la Tacita de barro / igba de güira al centro del plato de barro y rellénela con la miel de abejas. Disponga las frutas alrededor, con cariño y de una forma que le guste, también puede verter un hilo de miel formando una espiral de dentro hacia fuera sobre todas las frutas. Se presentan los dos platos con dos velas blancas. El Adimú se le dejara por 4 o 6 días.

Adimú para Oshun (Frutas)

Ingredientes:
Banana
Naranja
Pera
Papaya (Fruta bomba/ Lechosa)
Ciruela amarilla
Melocotón
Miel de abejas
1 cesto de mimbre
Vino blanco dulce / cerveza clara / Sidra(opcional)

Preparación:
Abre las frutas picarlas y decore con cariño en el cesto. Presente al orisha con dos velas blancas y se le pone una de las siguientes bebidas: Vino blanco dulce / cerveza clara / Sidra (opcional), haciéndole la petición. Deje el Adimú por un periodo de 5 días.

Adimú para Shangó (Para impotencia sexual)

Ingredientes:
500 grs de quimbombó
1 rabo de buey cortado en 12 pedazos
1 cebolla
Aceite de corojo
Arroz cocido al horno
1 cazuela de barro
4 Cerveza negra (cerveza oscura no pueden ser claras)
3/4 libra de arroz

Preparación:
Cocine los trozos de rabo con cebolla (picada) y aceite de corojo.
Elija 12 quimbombó bien rectos y reserve. En una olla separada
sofreír la cebolla y los rabos cortados en rodajas bien finas con
manteca de corojo. Añada el rabo cocido. Cocine el arroz con agua
y aceite de corojo. Cuando el arroz esté acomode en el fondo de la
cazuela y forme con él toda la base de la cazuela. Coloca el rabo
cocinado con el quimbombó acomodarlo sobre el arroz y adorne
con los 12 quimbombó si se gusta por encima se le pone más
manteca de corojo o miel de abejas(opcional). Presentar al orisha el
Adimú con la cerveza, se hace la petición y le prenda 2 velas
blancas, el Adimú se le deja por 6 días luego se le entrega en el
tronco de una palma.

Adimú para Shangó
(Arroz blanco con quimbombó)

Ingredientes:
1 kg de Okra (quimbombó)
Arroz cocido al horno
1 Plato de barro
Cerveza negra
Manteca de corojo

Preparación:
Cocine el arroz dejando en punto de papilla, deje enfriar y ponga todo el interior del plato de barro. Corte las coronas de todos los quimbombós y reserve. Picar los quimbombós, dejando pedazos bien pequeños. Amasarlos bien con las manos hasta que suelten una baba abundante y póngalos encima del arroz (los quimbombós no se cocinan en este plato). Coloca los quimbombós en el plato y adorne con las cabezas de quimbombó. Se le pone por encima manteca de corojo; este Adimú se presenta al Orisha con dos velas y la cerveza. Por seis días, entregar al pie de una palma o donde el Orisha le indique.

Adimú a Eggun.

Este Adimú se lo pueden poner, alguno de los Eggun que lo acompaña, en mi caso yo le he hecho y se lo pongo al Ta' José.

Ingredientes:
Butifarra / Chorizo/ Salchicha
Cebolla
Ajíes largos picantes (chiles)
Manteca de corojo
Harina de maíz gruesa y cruda
1 plato de barro

Preparación:
Freír la cebolla (en rodajas) y los ajíes (chiles cortada en rodajas), luego añadir el chorizo (rebanada) y freír bien. Coloque la harina de maíz en el plato y vaya añadiendo manteca de corojo hasta formar una masa homogénea, colóquelo en el plato, y luego adorne con la salchicha por encima. Termine la decoración según el gusto de su Eggun que le acompaña. ¡Maferefun Eggun!

Adimú para Orisha Oggún.

Ingredientes:
500 g de frijoles negros
1 cebolla
1 diente de ajo
Manteca de corojo.
250 g de camarones
7 pimientos rojos (chiles)
Harina de yuca (mandioca)
1 cazuela de barro
1 botella de cerveza

Preparación:
Cocine el frijol y reserve; escoja y separe 7 camarones enteros;
limpie a los demás camarones; pique la cebolla el diente de ajo y
los pimientos y los sofría en la aceite de corojo; después añada y
los camarones limpios; hasta que estén bien cocinados. Añade el
frijol, que habíamos reservado con bastante agua. Dejar hervir.
Añada, poco a poco, la harina de mandioca para espesar el caldo
sin secar. Colocar todo en la cazuela de barro y adornar con los
camarones enteros y ajíes enteros (chiles). Presentar al Orisha con
la cerveza y dos velas blancas. El Adimú se le dejará por 7 días.

Adimú para orisha Osaín.

Ingredientes:
Maíz amarillo
Miel de abeja pura
1 coco seco
Hojas de Laurel
1 camarón de barro
Aguardiente de caña
1 Plato de barro
1 recipiente donde servir el aguardiente.

Preparación:
Cocine el maíz sólo en agua y deje enfriar. Cuele el agua, coloque en algún lugar, reserve, abra el coco y ráyelo (córtelo en tiras finas o pedacitos de alguna de estas maneras) póngalo encima del maíz, riegue con bastante miel. Queme con carbón las hojas de laurel y casi humeantes esparcirlas por encima del plato servido de maíz. Gotee con miel y ofrezca a Osaín el aguardiente y una vela el Adimú.

Adimú para Oggún. (Bolas de ñame)

Ingredientes:
3 ñames
Aceite de corojo.
Miel de abeja
Harina de mandioca (harina de Yuca)
1 cazuela de barro.
1 Cerveza clara

Preparación:
Colocar la harina de mandioca en el lugar, ir añadiendo miel poco a poco aceite de corojo y moviendo con las manos hasta formar una masa dulce homogénea y bien tierna.(Esto será la base del plato, lo pondremos en todo el fondo del plato) El ñame: Usted puede cocinar en el agua o asar en el fuego. Después de asado o cocido el ñame, quitarle la cascara, lave bien para retirar cualquier residuo de tierra, amasarlo primero o con un tenedor aplastarlo y le vamos agregando aceite de corojo para suavizar, después con las propias manos hasta formar una masa bien homogénea, entonces moldee 7 bolas lo más perfectas y lisas posible. Colocar estas bolas sobre la masa dulce de yuca que pusimos en el fondo del plato y decoramos con miel de abejas por encima. Presentamos el Adimú con una jarra de cerveza o una copa y dos velas blancas y hacemos la petición. El Adimú lo pondremos por 7 días.

Adimú a Ochosi. (Frutas verdes)

Ingredientes:
7 frutas verdes (principalmente Melón)
1 coco seco
Melao de caña
1 Plato de cerámica
Vino moscatel (vino afrutado) / Aguardiente anisado

Preparación:
Elija 3 o 7 tipos de frutas verdes bien bonitas. Como una sugerencia: melón, guayaba blanca, uva blanca, manzana verde, pera, caña de azúcar; abrirlas y colocarlas en el plato. Regar con bastante melado haciendo una espiral del centro hacia el borde. Cubra con rebanadas finas de coco seco. Las hojas de guayaba también se pueden utilizar para adornar.

Adimú para Obatalá. (Maíz Blanco)

Ingredientes:
Maíz blanco
Miel pura
1 coco seco
1 racimo de uva verdes
1 tazón de vajilla blanca (para servir el agua mineral)
1 plato de vajilla blanca
Agua mineral

Preparación:
Cocine el maíz blanco en agua, retire del fuego y quite el exceso de agua y colóquela en el tazón y reserve.(trate que el maíz quede bien blando) El coco: En esta ofrenda, sacamos el coco entero de la cáscara sin romperse, con paciencia esta tarea forman parte de esta ofrenda. Para romper la cáscara y conseguir sacar el coco entero, Sería lo ideal. Volviendo a la paciencia, usamos una hoja de sierra alrededor de toda la corteza del coco, con el cuidado de no lastimar o romper el masa del coco, cortamos sólo la cáscara. Esta mitad la colocamos encima del maíz cocido o abierto sobre la vasija. En el plato donde está el maíz, coloque la mitad del coco y adorne con el racimo de uvas. Riegue todo con miel haciendo una espiral del centro para los bordes. El agua mineral sírvala en el tazón o vasija. Presente al Orisha con dos velas blancas, flores y demás presentes, se deja por 8 días.

Adimú a Obatalá.

Ingredientes:
Maíz blanco
Miel de abeja
1 tazón blanca
1 plato blanca
Agua mineral
Algodón

Preparación:
Cocine la maíz blanco, quite el exceso de agua y colóquela en el plato, deje enfriar. Riegue el tazón con el maíz con la miel haciendo una espiral del centro hacia los bordes. Cubra el tazón con algodón de forma bien suelta y tierna (sin apretar) imitando nubes. Sirva el agua mineral en el tazón y presente con dos velas blancas a Obatalá.

Adimú a Oshumaré / Oxumarê.

Ingredientes:
3 Batatas dulces / Boniato / Sweet potato
Aceite de corojo
Frijoles carita (un puñado)
1 plato de barro
1 recipiente para ofrendar agua lluvia
Agua de lluvia

Preparación:
Después de cocinar la Batata dulce, descascarar, agregar manteca de corojo y amasarla hasta obtener una masa homogénea y consistente. En el plato de barro moldee dos serpientes en forma de círculo, siendo que la cabeza de una mordida la cola de la otra. Con el frijol carita forme los ojos y adorna el resto del cuerpo con algunos granos (a su criterio), presente al orisha con flores de diferentes colores, una vela blanca y la ofrenda de agua lluvia.

Adimú a Inle / Erinle.

Ingredientes:
3 Batatas dulces / Boniato / Sweet potato
Aceite de corojo
1 plato de barro
1 recipiente para la bebida
Champan / Sidra / cerveza clara
Miel de abejas

Preparación:
Después de cocinar la batata dulce las retiramos del agua y
cortamos con cuidado para que no se desbarate, frítelas en el
aceite de corojo, acomode en el plato de barro. Vierta por encima
con miel de abejas. Usted puede adornar con flores opcionalmente.
Presente con dos velas blancas y haga la petición. El Adimú se
pone por 7 días, luego va donde el orisha diga.

Adimú para Orisha Obbá.

Ingredientes:
Harina de maíz gruesa y cruda
Grosella rojas (tipo de cereza)
Manzanas rojas
9 rosas rojas
1 Plato de barro
1 botella de champagne / Sidra (debe ser color rosa)
Manteca de corojo
Miel de abejas

Preparación:
Coloque la harina de maíz en el plato, vaya añadida grosella y amasando mezclando con las manos hasta obtener una masa tierna y rojiza. Pique las manzanas en 4, reserve alguna para adornar, y las otras trocearlas bien pequeña, y mezclarlas con la masa. Ponga manteca de corojo y miel por encima. Utilice las otras manzanas para adornar junto con las rosas. Presente al Orisha con dos velas blancas y el recipiente con el champagne, el Adimú se pone por 9 días. Se le pregunta al Orisha donde va.

Adimú para Orisha Obbá.

Ingredientes:
Frijoles carita
Cebolla morada
Camarón Seco
Aceite de corojo
Harina de maíz gruesa cruda
Vino tinto rojo
1 plato de barro

Preparación:
Cocine el frijol sin sal, retire el agua, refrité en aceite de corojo, machaque y póngalo en el plato de barro. Limpie el camarón seco. Reserve algunos camarones enteros para adornar. Fría la cebolla y el camarón seco, en el aceite de corojo. Añada agua y espere a abrir hervor, luego vaya añadiendo la harina de maíz hasta el punto deseado haciendo una masa y mezcle con los frijoles. Adorne el plato con los camarones enteros y presente con dos velas blancas y la copa de vino tinto. El Adimú se pone por 9 días.

Adimú para Oggún (Frijoles negros)

Ingredientes:
1 Cebolla
Aceite de corojo
1/2 lb de frijoles negros
Plato de barro
Cerveza oscura / aguardiente de cana

Preparación:
Coloque el frijol de salsa en agua por al menos 12h, luego drene toda el agua y cocínelos sin sal. Después de que todo el frijol esté cocinado, drene el agua. Y acomode en el plato preferentemente hondo. Opcionalmente usted puede adornar el plato con hojas de Peregun como ve en la foto. Y luego ponga encima el frijol encima del frijol coloque una cebolla rebanada en rodajas. La cebolla debe estar cruda, sin cocinar. Por último, ponga aceite de corojo. Y sirva la bebida que reservo para el orisha. Acompañe con dos velas la ofrenda y haga su petición.

Adimú para Oggún (ñame asado)

Generalmente este Adimú se lo ofrecemos al orisha para cuestiones de mejorar nuestra economía.

Ingredientes:
Un ñame grande
Aceite de Palma
miel de abeja
7 monedas amarillas
Harina de yuca cruda
Un tazón para servir la bebida
un plato de cerámica
Una botella de cerveza

Preparación:
Coloque la harina de mandioca en el lugar, vaya añadiendo miel y moviendo con las manos hasta formar una pasta homogénea. Parta el ñame a la mitad y unte abundante aceite de corojo; póngalo asar en el horno hasta que quede bien suave, luego sin retirar la cáscara y coloque sobre el plato que reservo con la harina de yuca los dos pedazos de ñame (la parte blanca hacia arriba como esta en la foto). Entiérrele las monedas en el ñame, (4 de un lado y 3 del según su criterio) dejando la cara de los números hacia adelante. Póngale miel encima de las mitades. Presente al orisha con la bebida y dos velas blancas.

Adimú para Obbá (Camarón con calabaza)

Ingredientes:
Una calabaza
500 gr de camarón fresco
½ libra frijol blanco
Un paquete de lengua de vaca
Una cebolla
Aceite de corojo
Vino tinto
1 plato de barro
1 jarra de barro para servir la bebida

Preparación:
Cocine la calabaza entera hasta que quede bien suave. Ablandé los frijoles en agua, sin sal y cuando estos estén reserve. Después de la cocida la calabaza, abra un círculo encima, saca las tripas y las semillas. Corte la lengua de vaca en tiras, sofría con la cebolla, y los camarones (limpios) en aceite de corojo. * Reserve algunos camarones (también refritos) enteros para adornar. Coloque los frijoles, la lengua y los camarones dentro de la calabaza. Presente al orisha como ve en la foto acompañado de dos velas.

Adimú para Obbá
(Hinojo con camarón seco en una calabaza)

Ingredientes:
Una calabaza
Una cebolla
½ kg Camarón seco
Aceite de palma
Harina de yuca (harina de mandioca)
Vino rojo
Hojas de hinojo

Preparación:
Cocine la calabaza entera hasta que quede bien suave. Abra la calabaza en forma de circulo y retire las semillas. Limpie el camarón seco y pele. Reserve algunos camarones para adornar, saltee la cebolla con el camarón seco en aceite de palma. Añada agua y espere a abrir hervor, luego vaya añadiendo la harina de mandioca hasta que agarre consistencia agregue las hojas de hinojo Acomode en dentro de la calabaza todo decore con flores del color que le agrade al orisha. Presente con dos velas blancas.

Pan gitano

Ingredientes:
1 Kg de harina de trigo
1 litro de leche caliente
50 gramos de levadura para pan
3 huevos
½ cucharada de mantequilla
Hierba Dulces (Albahaca)
Polvo de Clavo de olor
Canela en polvo.
1 plato de barro
Vino dulce blanco

Preparación:
Mezclar la harina de trigo y la levadura disuelta en la leche caliente. Añada los huevos y la mantequilla, la levadura, agregue las hierbas, polvo de clavo y canela; trabaje la masa(amasar). Añada una pizca de sal a gusto. Deje descansar cubierta con un paño la masa para que crezca por 2 horas, hasta crecer. Después de forma al y colocar a hornear en horno precalentado a 250 grados, durante 40 minutos. Decorar el pan con las astillas de canela, derretir 3 cucharas de mantequilla y regar los panes. Coloque en un plato arroz, encima colocamos el pan en el plato, a centro agujereamos y rellenamos con sal, para llamar la salud y la prosperidad. Presentamos en nuestro altar a nuestros guías gitanos con una vela blanca.

Frutas para Santa Sara de Kali: Reina de los gitanos.

Ingredientes:
7 tipos diferentes de frutas (uvas, fresas, moras, ciruelas,
manzanas, cerezas, granadas, frambuesas, etc.)
Miel pura
Vino blanco dulce
7 monedas de oro (amarillas)
1 plato de barro

Preparación:
Lave bien las frutas y monte un bonito arreglo en el plato de barro.
Colocar las monedas entre las frutas y regar con miel haciendo una
espiral del centro hacia afuera. Presente a la reina de los gitanos.
Santa Sara de Kali con velas e inciensos.

Adimú para Obatalá. (Galleta de arroz)

Ingredientes:
½ lb de arroz
2 tazas de leche
Plato blanco

Preparación:
El arroz se cocina en la leche sin sal, hasta que quede pastoso, luego batido con una cuchara de madera hasta que se suelte de la olla. A continuación, formar las bolas con las manos. Esta comida ritual es para los Orisha fun fun (Orisha blanco) es utilizado también y rituales de rogación de cabeza. Se le pueden presentar 8 bolas de arroz en un plato preferentemente blanco acompañado de dos velas blancas.

Galleta de harina.

Esta galleta se hace con la harina de mandioca (harina de yuca), agregando el agua y moldeando hasta darle forma redondeada y consistencia con las manos. Esta es utilizada rituales de limpieza de cuerpo después de asistir alguna ceremonia de ituto.

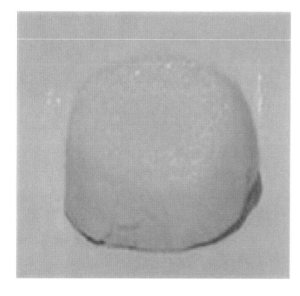

Galleta de ñame.

El ñame debe estar bien cocido en agua sin sal, después pilado en pilón, luego amasado y moldeado dando forma redondeada con las manos. Esta comida ritual es muy apreciada por los Orishas Obatalá, Ochosi, Oggún, Yemayá también puede ser usada en rituales de limpia etc.

Galleta de maíz.

En un recipiente se coloca la harina de maíz bien fina, luego el ½ taza de agua, aceite de corojo y moldea dando la forma redondeada con las manos. Esta comida ritual es para limpieza de cuerpo y ofrenda al orisha Eshu /Elegba.

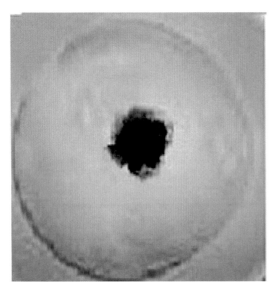

Galletas para Eggun.

En un recipiente poner la harina, con aguardiente de cana, y comenzar amasar dando formas redondeadas de la torta con las manos y en el centro se le añade un pequeño trozo de carbón. Con ella se realiza un ritual de limpia para el cuerpo con Eggun, también se le puede ofrendar a Osaín como Adimú.

OSHUN.

ALA ERINLE

Made in the USA
Middletown, DE
04 July 2022

68456381R00031